HONEY

I love you so much!

And here are just some of the reasons why...

I love your

···———··· *You always* ···———···

I love that

·····❤······❤······❤······ *You know how to* ·····❤······❤······❤·····

Reason #5

—♡— Thanks to you —♡—

I love that you are mine
and I love you because

 When I

What I like the most about you is

out of 2,738,643,409,182
known reasons

·····❤·····❤·····❤·····   *You make me feel*   ·····❤·····❤·····❤·····

..♡..♡..♡..   *I am so grateful*   ..♡..♡..♡..

···——··· You have ···——···

 I can't imagine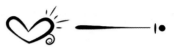

When you

It makes me smile

These words remind me of you:

——— • ———   *You are*   ——— • ———

 I know that

I love how you

Thank you for

You

I LOVE YOU, HONEY!

Made in the USA
Las Vegas, NV
06 February 2025

17648623R00026